cómo hacer

Origami

proyectos sencillos para todas las edades

imaginador

Cristina Minuet
    Cómo hacer origami. - 1a ed. - Buenos Aires : Grupo Imaginador
de Ediciones, 2009.
    48 p. ; 19x19 cm.

    ISBN: 978-950-768-640-5

    1. Artesanías en papel. 2. Origami. I. Título
    CDD 736.982

Diseño de colección: María Cecilia Malla Melville

Primera edición: octubre de 2008
Última reimpresión: noviembre de 2009

I.S.B.N.: 978-950-768-640-5
Se ha hecho el depósito que establece la Ley 11.723
©GIDESA, 2009
Bartolomé Mitre 3749 - Ciudad Autónoma de Buenos Aires
República Argentina
Impreso en Argentina - Printed in Argentina

Se terminó de imprimir en LEOGRAF Y CÍA, Armenia 253,
Avellaneda, en noviembre de 2009, con una tirada de 2.000
ejemplares.

El origami:
nociones básicas

La historia de un arte de papel

El origen del origami se remonta al período Heian (794-1183), en Japón. Si bien el inicio de la fabricación de papel se produjo en China, hacia el año 105, fueron los japoneses los que desarrollaron el arte de plegar el papel para obtener diversas figuras, de delicada belleza.

La palabra origami es de origen japonés, y significa "plegado de papel". Proviene de los vocablos ori (plegar) y gami (papel).

Fue recién a partir de 1840, aproximadamente, que Occidente conoció esta técnica, debido a que hasta esa época Japón cerró sus puertas al resto del mundo.

En la actualidad el origami es conocido en todo el mundo y utilizado como terapia (pues su práctica aporta calma y serenidad) o simplemente como arte decorativo, para diversos fines.

El papel para origami

Para realizar figuras con la técnica de origami sólo es necesario papel. No se utilizan tijeras, ni pegamento, pues la técnica consiste en plegar el papel con tanta exactitud que no sea necesario recortarlo ni pegarlo.

Y, en relación con el papel, debemos tener en cuenta que no es necesario ningún papel especial, sino simplemente uno que no sea demasiado grueso ni demasiado delgado, para permitir un correcto plegado.

Pueden utilizar papel liso o estampado, de uno o de los dos lados. Sepan que, a medida que vayan plegando el papel, según la figura que realicen, habrá zonas en las que el papel quedará del reverso y otras en las que quedará del anverso.

Existen papeles especiales para origami que poseen un color diferente en cada cara.

Para la inmensa mayoría de los objetos hechos con origami se utiliza papel cuadrado y, en algunos otros casos, rectangular. Con respecto al tamaño, no hay restricciones: pueden realizar figuras en un papel de 10 x 10 cm como en uno del doble o el triple de este tamaño.

Referencias internacionales para origami

Por convención, desde hace ya varios años se ha definido una serie de símbolos o referencias utilizadas en origami para indicar diversos aspectos de la realización de un trabajo. Fue Akira Yoshizawa, el gran maestro japonés del origami, quien desarrolló, en los años 60, el código internacional de símbolos del origami. Conozcamos los más importantes.

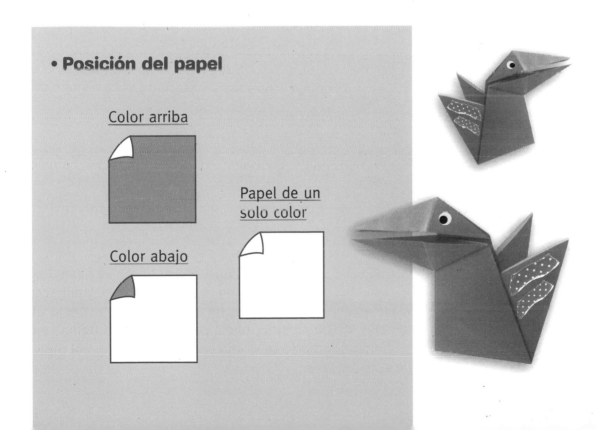

• **Posición del papel**

Color arriba

Papel de un solo color

Color abajo

• Dobleces

Pliegue valle

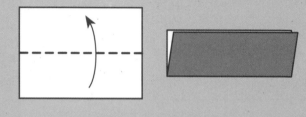

El papel se dobla hacia delante.

Pliegue monte

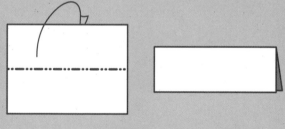

El papel se dobla hacia atrás.

Plegado y desplegado

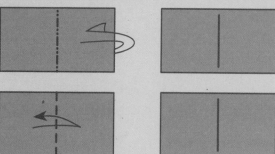

El papel se dobla (en monte o en valle, indistintamente, tal como se observa en el esquema) y se desdobla, con el objetivo de que una vez desplegado en el papel quede la marca del doblez.

Marca

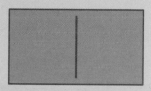

Ésta es la indicación del resultado de plegar y desplegar.

Vista de rayos X

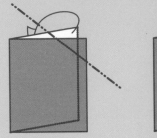

Se utiliza esta línea punteada para indicar un doblez que hay que hacer en alguna capa de papel que no está a la vista. También se utiliza para mostrar una línea del borde de la figura que se está realizando que no puede verse.

Plegado escalonado

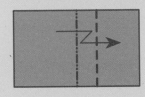

El papel se dobla primero en valle y luego, en monte, para producir un escalonamiento del papel. Se indica con una flecha quebrada, que expresa el escalonamiento.

Plegado hundido

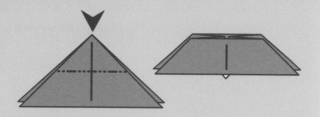

Se utiliza para hundir una punta
del trabajo, es decir, para invertir
su orientación.

Plegado hendido

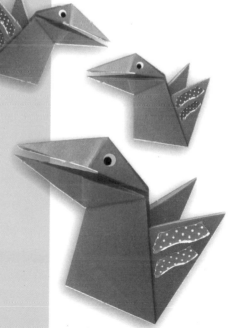

Se realiza en una punta para
modificar su orientación, doblando
el papel hacia el interior.

Plegado oreja de conejo

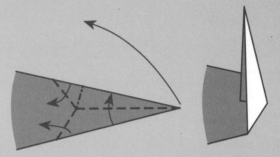

Se realiza para afinar una punta del trabajo y, al mismo tiempo, cambiar su orientación.

Estiramiento

Se toma el trabajo por ambos extremos y se tira con suavidad, para estirar un plegado determinado.

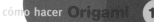

Voltear

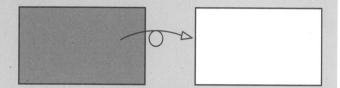

De esta manera se indica que
es necesario dar vuelta el
trabajo que se está realizando.

Dando vuelta la página...

...encontrarán los proyectos de origami que les propo-
nemos en esta edición: el pez, las aves, el murciélago,
la mini caja, el barco y el avión.

Lean detenidamente cada paso, observen las fotografías y las líneas de referencia y no tendrán ningún
inconveniente para obtener éxito en vuestros primeros
trabajos con origami.

Pez

Un simpático pececito hecho, en este caso, con papel artesanal con efecto de manchas de pintura. Son sólo diez pasos de plegados. ¿Qué les parece si comenzamos?

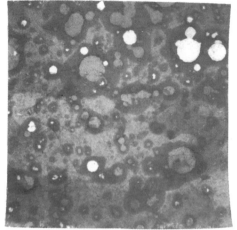

Partimos de un papel de forma cuadrada, de un solo color, de la medida que deseemos. Colocamos el papel sobre la mesa.

Plegamos en valle el papel, en diagonal, y desplegamos para obtener una marca.
Llevamos uno de los vértices del cuadrado hacia el centro, hasta hacer coincidir con la marca. Remarcamos el doblez.

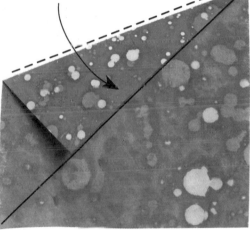

Repetimos la operación con el vértice opuesto.

Plegamos hacia el centro, en valle, el vértice superior izquierdo de la figura, para que también coincida con la marca inicial hecha en el papel. Remarcamos el doblez.

Repetimos la operación con el vértice opuesto.

Desplegamos el papel en su totalidad. Si hemos remarcado bien todos los dobleces, deben quedar-nos sobre el papel una serie de marcas.
A continuación, hacemos un doblez en valle, en diagonal, en el sentido opuesto a la diagonal hecha en el paso 2.

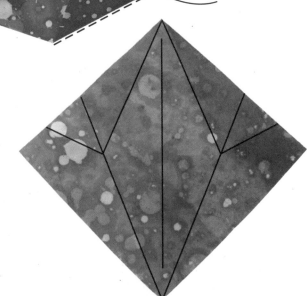

5 Repetimos los pasos 2 y 3.

6 Plegamos en valle, justo por el medio de la figura. Remarcamos el doblez.

7 Entreabrimos uno de los dos dobleces superiores y levantamos suavemente el papel para que salga hacia afuera.

Repetimos con el otro doblez superior. Debemos obtener dos aletas de papel orientadas hacia arriba.

Plegamos en valle el vértice superior hacia el centro de la figura, de modo que la punta toque el punto de unión de las aletas. Remarcamos el doblez y desplegamos.

Damos vuelta el trabajo, de modo que las aletas queden hacia abajo.

Plegamos nuevamente el vértice superior pero esta vez en el sentido opuesto, es decir, de este lado del trabajo, tomando como referencia la marca recién hecha, para saber hasta dónde doblar.

9 Doblamos al medio la figura en forma longitudinal, en valle.

10 Realizamos un pliegue en valle y en diagonal en el vértice del trabajo y remarcamos el doblez.

Entreabrimos la figura y plegamos hacia adentro, por el doblez recién hecho, es decir, realizamos un doblez hendido.

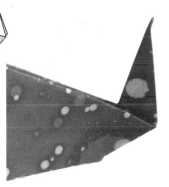

¡Terminamos!

El último paso, antes de terminar, es el más fácil: recortamos dos círculos de papel amarillo y dos círculos más pequeños de papel negro, y armamos los ojos del pez.

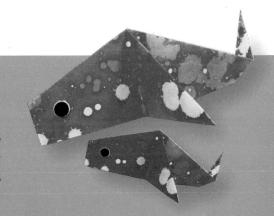

Ave

Para hacer estas simpáticas aves aprenderemos nuevos dobleces y técnicas. En sólo diez pasos de plegado las tendremos terminadas. ¿Están preparados?

Partimos de un papel de
forma cuadrada, de la medida
que deseemos. Colocamos el
papel sobre la mesa.

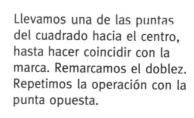

Plegamos en monte
el papel, en diagonal
y desplegamos para
obtener una marca.

Llevamos una de las puntas
del cuadrado hacia el centro,
hasta hacer coincidir con la
marca. Remarcamos el doblez.
Repetimos la operación con la
punta opuesta.

Damos vuelta el trabajo
y unimos los dos vértices
plegando en valle.
Remarcamos el doblez.

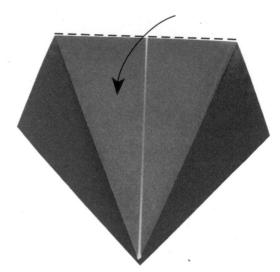

Damos vuelta la figura y,
manteniendo las puntas hacia
arriba, elevamos el extremo
indicado con la letra A.

A

Plegamos y
remarcamos
el doblez.

Repetimos la
operación con el
extremo opuesto.

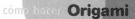

5

Elevamos uno
de los vértices
y damos vuelta
la figura.

Repetimos con
el otro vértice.

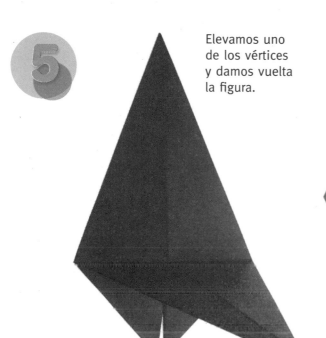

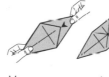

6

Veremos que entre
ambos triángulos,
en la parte interna del
trabajo, quedan dos
alitas: tiramos cuida-
dosamente de las dos
a la vez, hacia fuera, y
remarcamos el doblez.

Doblamos en valle uno de los vértices superiores, haciendolo coincidir con la base.

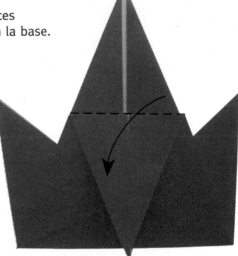

Doblamos este triángulo hacia la izquierda tomando como referencia su propia base. Éste será el pico del ave.

Doblamos también hacia la izquierda el triángulo que no habíamos plegado, para completar el pico.

Doblamos por la mitad,
en monte, la figura completa,
por el doblez ya marcado.

Llevamos el pico hacia el
otro lado, abriendo cada
triangulito y siguiendo
el doblez ya marcado.

¡Terminamos!

Tal como hicimos con el pez, pegamos círculos de papel para hacer los ojos y, además, recortamos con los dedos tiras de papeles de colores para pegar en las alas.

Avión

Un trabajo de origami que imita a los antiguos aviones de guerra a la perfección. Se arma en pocos y sencillos pasos, y vuela mejor que ningún otro. ¡Pruébenlo!

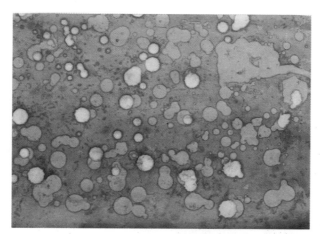

Partimos de un papel de forma rectangular, de la medida que deseemos. Colocamos el papel sobre la mesa. Si el papel es estampado de un solo lado, colocaremos el papel con el estampado hacia abajo.

Plegamos en valle el papel, por la mitad. Remarcamos el doblez.

Desplegamos y plegamos, en valle, los dos vértices hasta hacerlos coincidir con la marca del doblez anterior. Remarcamos los dobleces.

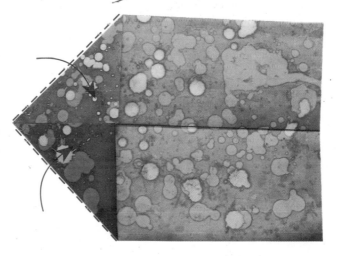

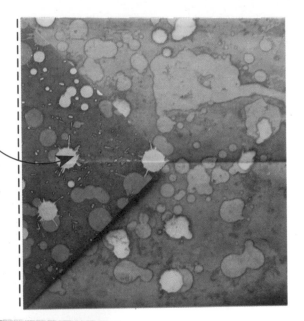

Plegamos en valle el triángulo que se ha formado. Remarcamos el doblez.

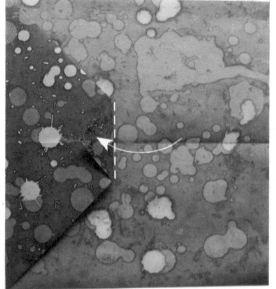

Plegamos en valle, hacia arriba, el vértice del triángulo. Remarcamos el doblez.

Luego, desdoblamos.

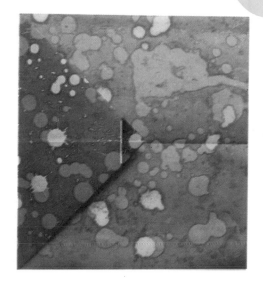

Llevamos uno de los vértices superiores hacia el centro, plegando en valle, hasta que el vértice toque la línea del doblez que acabamos de hacer en el paso anterior.

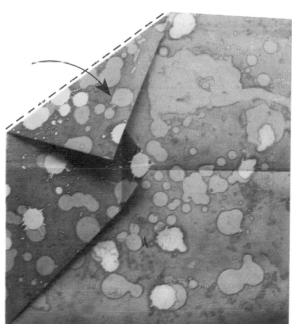

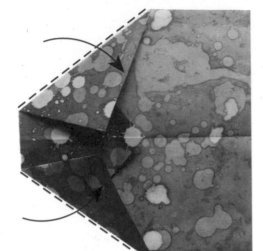

Repetimos con el vértice
opuesto y remarcamos
los dobleces.

Plegamos en valle,
hacia arriba, el vér-
tice que habíamos
plegado con anterio-
ridad, para que fun-
cione como traba de
los dobleces hechos
en el paso anterior.

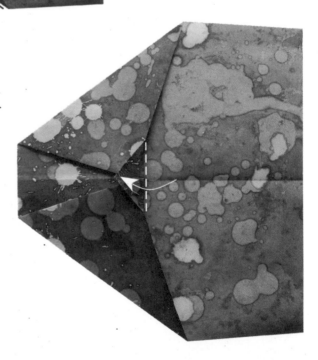

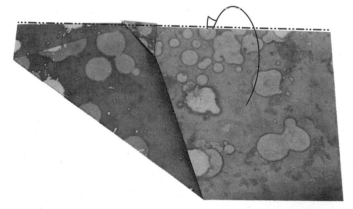

Plegamos en monte todo el trabajo, por la mitad. Remarcamos el doblez.

Plegamos en valle cada mitad, para formar las alas, doblando el papel de modo que su borde coincida con la línea definida por el plegado hecho en el paso 6.

¡Terminamos!

Nuestro avión se termina con el agregado de piezas de papel que imitan la decoración de los aviones de guerra reales.

Mini caja

Además de animales, barcos y aviones, la magia del origami nos permite fabricar estas cajas preciosas, ideales para guardar todo tipo de miniaturas. ¿Qué les parece si las hacemos?

Partimos de un papel de forma cuadrada, de la medida que deseemos. Colocamos el papel sobre la mesa.

Plegamos en monte por la mitad y luego por la otra, remarcando bien los dobleces. Desplegamos.

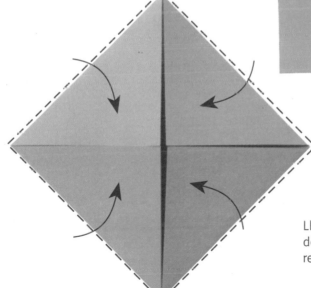

Llevamos en valle cada uno de los vértices hacia el centro, remarcando cada doblez.

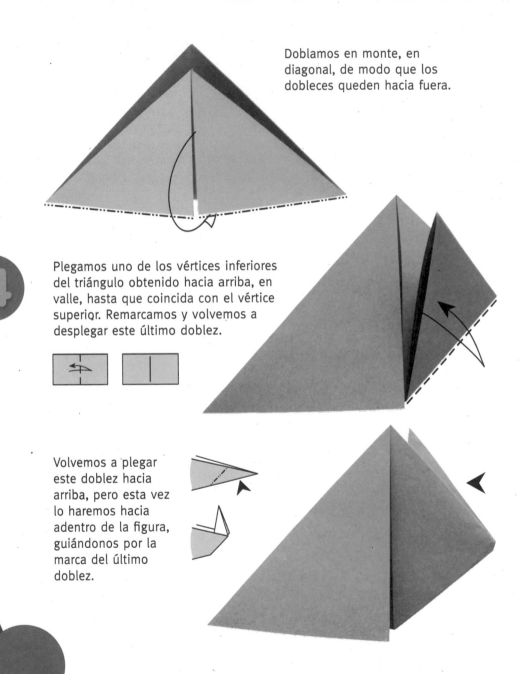

Doblamos en monte, en diagonal, de modo que los dobleces queden hacia fuera.

4 Plegamos uno de los vértices inferiores del triángulo obtenido hacia arriba, en valle, hasta que coincida con el vértice superior. Remarcamos y volvemos a desplegar este último doblez.

Volvemos a plegar este doblez hacia arriba, pero esta vez lo haremos hacia adentro de la figura, guiándonos por la marca del último doblez.

Repetimos con el otro vértice
inferior del triángulo estos
dos últimos pasos.
Al terminar, si miramos la
figura desde arriba, veremos
que se han formado cuatro
solapas o aletas.

5 Sujetamos tres de las cuatro aletas y llevamos hacia abajo la que queda libre, abrién-
dola, hasta que toque la base de la figura.
Remarcamos el doblez. Debe formarse un
rectángulo. Repetimos con la aleta opuesta.

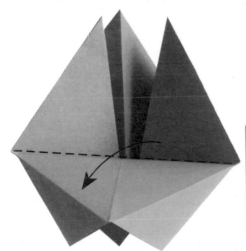

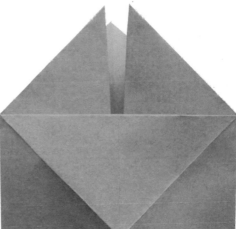

6

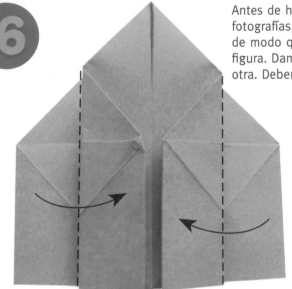

Antes de hacer los plegados que se ven en las fotografías, Llevamos una aleta hacia la izquierda, de modo que su borde coincida con el borde de la figura. Damos vuelta el trabajo y repetimos con la otra. Deben quedarnos dos aletas en cada lado.

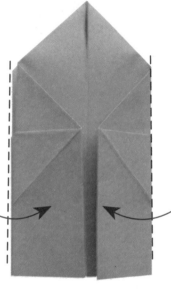

Ahora sí, plegamos hacia el centro las cuatro aletas, en valle.

7

Bajamos las dos aletas obtenidas hasta que sus vértices toquen la base de la figura.

8

Tomamos cada aleta y tiramos suavemente hacia fuera, para "abrir" la caja. Con ayuda de un dedo, moldeamos el interior de la caja.

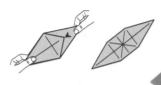

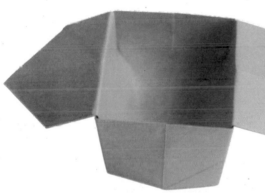

¡Terminamos!

Estas simpáticas cajitas son ideales para guardar mostacillas, alhajas, botones, monedas, cintas o cualquier otro objeto o accesorio pequeño.

Barquito

Uno de los clásicos del origami... ¿Quién no recuerda haber jugado con barquitos de papel como éstos? Hacerlos es mucho más fácil de lo que imaginamos... ¿Ya tenemos el papel preparado?

Partimos de un papel de forma rectangular, de la medida que deseemos. Colocamos el papel sobre la mesa. Si el papel es estampado de un solo lado, colocaremos el papel con el estampado hacia abajo.

Plegamos en monte el papel, por la mitad.

Plegamos en valle, pero con la intención de marcar sólo la parte superior del papel, es decir, sin plegar del todo. Luego desplegamos.

Plegamos en valle los dos vértices superiores hacia el centro, tomando como referencia la marca que hicimos en el paso anterior.

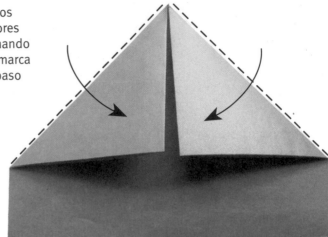

Plegamos en valle hacia arriba la parte inferior delantera del trabajo, hasta hacer tope con la base del triángulo. Repetimos con la parte trasera.

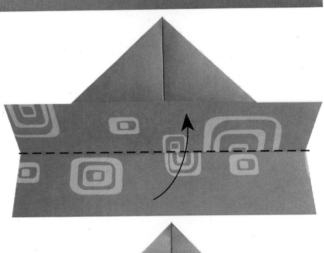

Con ayuda de los dedos, abrimos la parte inferior del trabajo para plegarlo en el sentido opuesto. Tendremos que acomodar las solapas que se formarán en ambos vértices, escondiendo una debajo de la otra. Remarcamos este nuevo doblez.

Plegamos el vértice en valle llevándolo hacia arriba, hasta que coincida con el vértice superior. Remarcamos el doblez.

Damos vuelta el trabajo y repetimos con el vértice restante.

Introducimos el dedo en la parte inferior y "abrimos" de modo de hacer coincidir los dos vértices inferiores, es decir, repetimos la operación hecha en el paso 5.

Remarcamos bien el doblez, sobre todo si estamos trabajando con un papel grueso.

8 Tiramos con suavidad de los dos extremos, para dar forma al barquito.

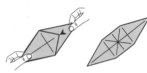

Con ayuda de los dedos, aplanamos los dobleces internos para que el barco tenga estabilidad.

¡Terminamos!

Si queremos, podemos perforar el vértice de la vela del barco e introducir un palillo de madera en cuyo extremo habremos pegado una bandera fabricada con papeles.

Murciélago

Un murciélago con cara de loco que nos divertirá mucho hacer pues lleva todo tipo de dobleces. En este caso, lo hemos hecho con papel de dos colores contrastantes, para que se le note mejor la carita.

Partimos de un papel de forma cuadrada, de la medida que deseemos. Colocamos el papel sobre la mesa.

Plegamos en monte el papel, en diagonal.

Plegamos nuevamente hasta que el vértice sobrepase apenas la base del triángulo.

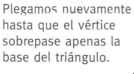

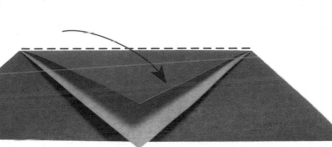

Plegamos nuevamente el vértice, ahora hacia arriba, de modo que sobresalga aproximadamente la mitad de la altura del triángulo que se ha formado.

Plegamos nuevamente el vértice hacia abajo, hasta que toque la base del triángulo.

Desdoblamos estos últimos plegados y los plegamos nuevamente, ahora por separado, uno hacia delante y el otro, hacia atrás.

El punto A es muy importante en el próximo paso de este trabajo.

5 Doblamos hacia atrás, en monte, el extremo izquierdo del trabajo, de modo de obtener lo siguiente:

Volvemos a doblar hacia delante guiándonos por la línea punteada (visión de rayos X), de modo que los vértices indicados con A y B coincidan.

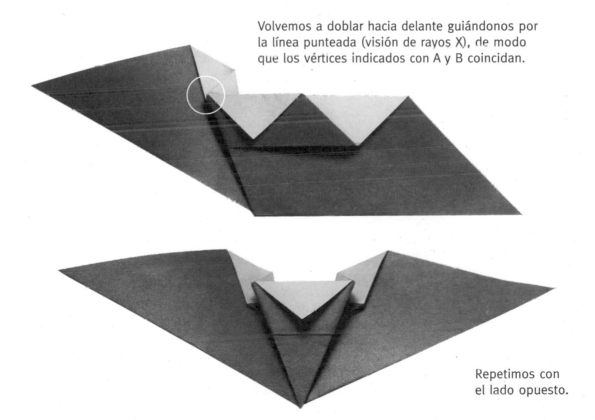

Repetimos con el lado opuesto.

6 Doblamos en monte un ala hacia el centro, de modo que su vértice toque el vértice inferior del trabajo, es decir, el vértice del cuerpo del murciélago.

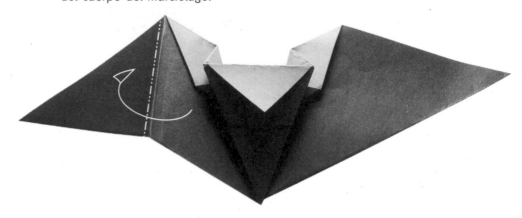

Doblamos el mismo vértice hacia fuera, en valle, por la mitad, es decir, hacemos un pliegue escalonado.

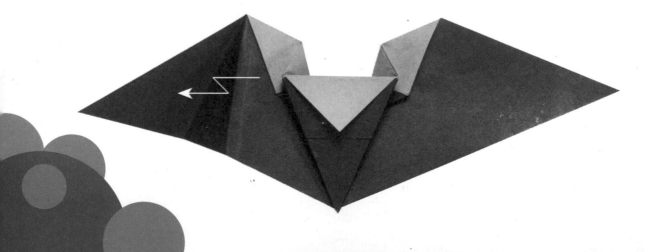

Volvemos a doblar por la mitad, hacia atrás, en monte, y repetimos los dobleces con el ala opuesta.

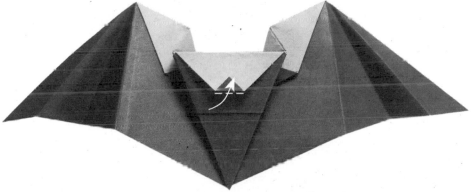

Para finalizar, doblamos hacia arriba el vértice del triángulo central, para formar el hocico del murciélago.

¡Terminamos!

Como hicimos con el pez, recortamos círculos de papel para formar los ojos del murciélago. Si queremos, podemos fabricar pequeños colmillos con papel blanco.

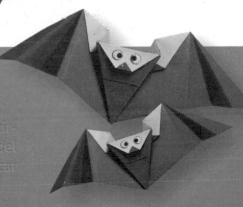

Índice

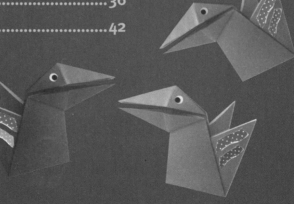